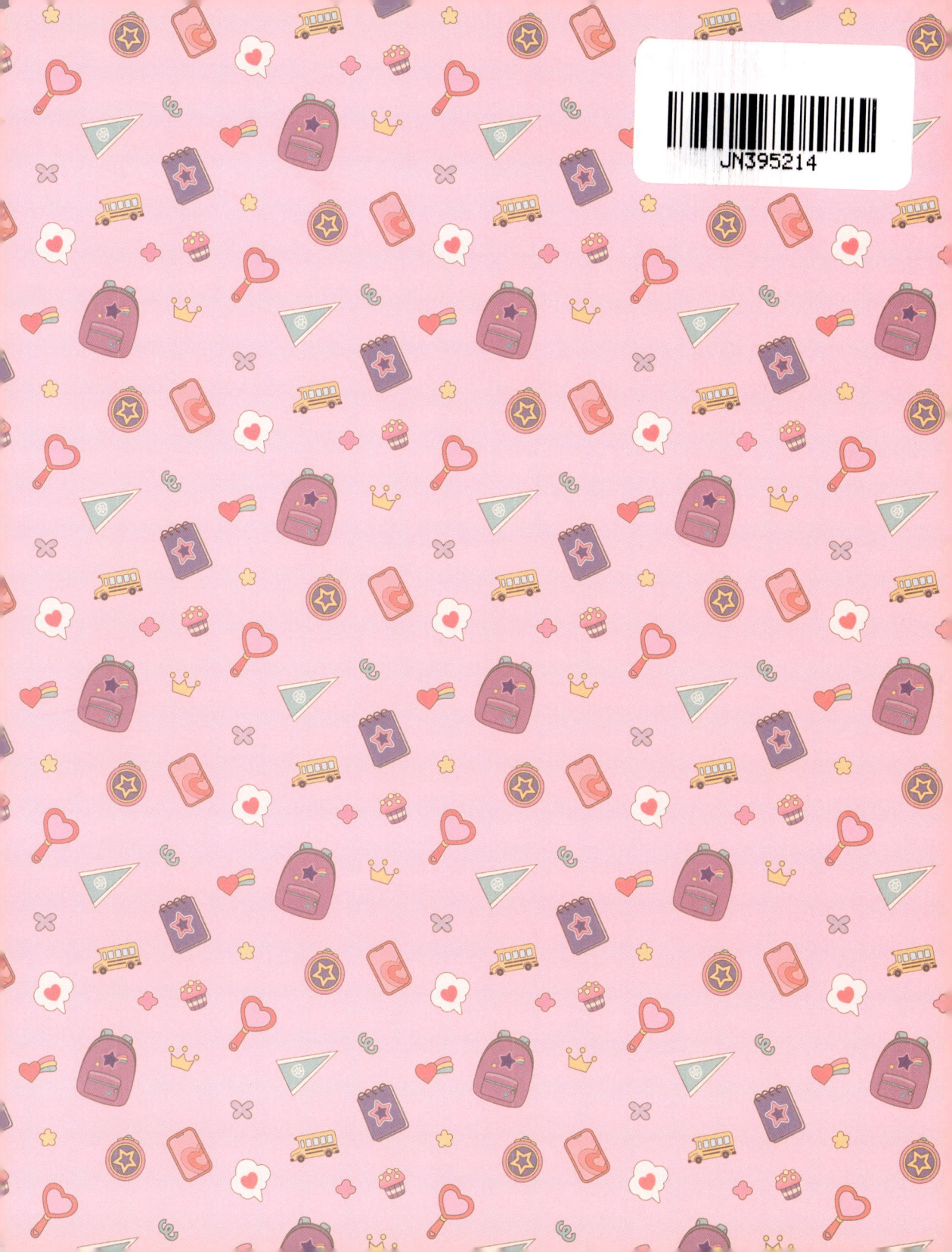

예비 초등학생을 위한 초등 생활 가이드북

레인보우 버블젬
두근두근 처음 학교에 가요!

캐릭터 소개

퍼플 스타

자유로운 영혼을 지닌 불가사리 왕국의 매력 만점 인어공주.

핑크스타

레드 루비

언제나 당당한 해마 왕국의 멋쟁이 인어공주.

하트콘

오렌지 앰버

요리와 수다를 좋아하는 말미잘 왕국의 인어공주.

모네

옐로우 골드

부끄럼 많고 그림 그리기를 좋아하는 조개 왕국의 인어공주.

샤이램

그린 리프

책 읽기를 좋아하는 가오리 왕국의 모범생 인어공주.

스팅스

블루 사파이어

승부욕이 강한 해파리 왕국의 인어공주.

젤리핀

인디고 킨

겉은 차갑지만 속은 따뜻한 심해 왕국의 인어공주.

프리클

차례

프롤로그	세상 밖으로 우당탕
1장	처음 학교에 가요!
2장	친구와 화해하고 싶은데 부끄러워요!
3장	혼자서도 할 수 있어!
4장	소심한 나도 학교에 갈 수 있을까?
5장	도서관에 가면 비밀을 알 수 있을까?
6장	뭐든 지는 건 참을 수 없어!
7장	급식소에서 밥을 먹어요!
8장	반려동물을 학교에 데려가고 싶어요!
에필로그	초등학교 입학을 축하해!
부록	레인보우 버블젬 이름 쓰기/색칠하기

TV 애니메이션 〈레인보우 버블젬〉 줄거리

바닷속 사랑스러운 인어공주들의 육지 학교 도전기!
인간 세상을 좋아하는 바다 왕국의 말괄량이 인어공주 퍼플의 실수로 일곱 왕국의 마법을 모은 버블젬이 깨져 육지로 흩어져 버린다. 바다를 지배하는 화이트골드 여왕은 바다 왕국에 사는 일곱 명의 인어공주에게 육지의 학교를 다니며 흩어진 버블젬 조각을 모아 오라고 명령한다. 한편, 바닷속 깊은 곳에 갇힌 사악한 마녀 블랙다이아는 이 기회를 틈타 블롭들을 육지로 보내 버블젬을 빼앗으려 하는데… 과연 바닷속에서만 자란 일곱 인어공주는 육지 학교생활에 잘 적응할 수 있을까? 두근두근 신나는 일곱 공주의 무지갯빛 모험이 시작된다!

세상 밖으로 우당탕

오래전부터 바닷속엔 마법이 존재하는 인어들의 세상이 있었습니다.
어느 날 사악한 마녀 블랙다이아가 마법의 힘으로 이곳을 혼란에 빠뜨렸어요.
화이트골드 여왕은 일곱 바다 왕국의 마법을 모은 버블젬으로
블랙다이아를 심해 깊은 곳에 가둬 버렸지요.

그리고 시간이 흘러 불가사리 왕국의 아침이 밝았습니다.

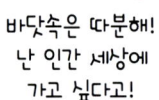

이곳의 공주 퍼플은 늘
인간 세상이 궁금했어요.
결국 퍼플은 아기 고래의 도움을 받아
몰래 육지로 올라가는 데 성공했지요.

비치타월로 꼬리를 감춘 퍼플은 해변에 현장 실습을 나온
인간 친구들과 함께 즐거운 시간을 보냈어요.

비치타월을 잃어버려 정체가 탄로날 뻔했지만
퍼플은 수호 요정 핑크스타의 도움으로 위기를 벗어났어요.
덕분에 인간 친구 레오와 인사하고 무사히 왕국으로 돌아갈 수 있었지요.
버블젬은 깨져 버렸지만 말이에요.

버블젬이 깨져 육지에 흩어졌다는 소식에 화이트골드 여왕은
일곱 바다 왕국의 인어공주들에게 편지를 보냈어요.

흩어진 버블젬을 되찾지 않으면 큰 위험이 닥칠 것이다.
공주들은 이제부터 인간들의 학교를 다니며 육지에 흩어진 버블젬 조각을 모아라.
버블젬을 먼저 모아 완성시키는 공주에게 바다의 수호자 자리를 물려주겠다.

흩어진 버블젬 조각을 찾아 인어공주들이 육지의 학교로 가게 되었어요.
인간 세상으로 전학을 가다니, 퍼플은 매우 기뻤지요.
과연 일곱 인어공주들은 육지 학교생활에 잘 적응할 수 있을까요?

오늘은 퍼플이 인간 세상으로 처음 등교하는 날입니다.
불가사리 왕국의 왕과 물고기 시종들이 나와서 공주를 배웅했어요.
퍼플은 그토록 바라던 육지 학교로 갈 생각에 무척 설렜지요.
책가방을 챙기는 걸 잊어버릴 정도로 말이에요.

드디어 학교에 도착한 퍼플!
너무 신난 탓일까요?
반을 잘못 찾은 퍼플이 그만 레드의
자기소개 시간을 가로채 버렸어요.
레드는 잔뜩 화가 났죠.

선생님의 도움으로 퍼플은 다시 반을 찾아갔지만,
잔뜩 긴장한 나머지 열심히 준비한 자기소개를 망치고 말았지요.

얘, 얘들아 안녕.
내, 내 이름은 …
그, 그러니까 어…
내가 하고 싶은 말은…

이, 이게 아닌데.
너무 떨려서
무슨 말을 해야 할지
모르겠어!

다 망했어.
학교에서의 첫 날,
내 첫인상.

퍼플은 과연 남은 육지 학교생활을 잘 해낼 수 있을까요?

여러분도 퍼플처럼 곧 초등학교에 입학하게 될 거예요.
그런데 학교는 무얼 하는 곳일까요?
학교에 가기 전엔 무슨 준비를 하면 좋을까요?
자기소개는 어떻게 해야 하는 걸까요? 퍼플과 함께 알아봐요!

학교는 무얼 하는 곳일까?

학교는 선생님, 친구들과 함께 생활하며
다양한 것들을 배우는 곳이야.
난 인간 세상이 너무 좋아서 육지 학교에 가는 날만 꿈꿨어!
책가방 속에 필통, 연습장, 물병, 물티슈 등등
준비물도 잔뜩 챙겼지.
참! 자기 물건엔 이름을 써 두어야 잃어버리지 않겠지?
실내화 가방도 잊지 말고 챙겨야 해!
물론 난 핑크스타가 책가방을 챙겨 줬지만…
친구들에게 날 소개할 생각에 설레서 깜박했지 뭐야, 하하!

퍼플과 함께 자기소개를 준비해 보자!

친구들에게 인사하며 먼저 이름을 알려 주고
그다음엔 너를 소개하는 말을 자유롭게 해.
긴장해도 괜찮아. 누구든 처음은 어려운 법이니까!

안녕, 1학년 ___ 반 친구들아.
내 이름은 ___ (이)야.
나는 ___ 을(를) 좋아하지만, ___ 은(는) 싫어해.
내가 잘하는 건 ___ 인데, ___ 은(는) 잘 못해.
너희랑 같은 반이 되어서 정말 기뻐.
앞으로 우리 잘 지내 보자!

자기소개를 가로챈 것도 모자라 버블젬을 깨뜨린 것도 퍼플이라니!
레드는 퍼플에게 단단히 화가 났어요.
퍼플은 사과는커녕 오히려 억울하다는 듯 울먹였지요.

그때 블랙다이아의 부하 블롭이 나타나 퍼플과 레드를 공격했어요!
수호 요정 핑크스타는 재빨리 시간을 멈추었지요.

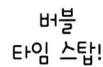

퍼플은 변신 주문을 잊어버려 당황했지만
레드의 멋진 활약을 보며 자신감을 얻고 마침내 변신에 성공했어요.
퍼플과 레드는 힘을 합쳐 멋지게 블롭을 물리쳤지요.

그날 오후 퍼플은 레드에게 아침에 있었던 일들을 진심으로 사과했어요.
루비는 퍼플의 진심 어린 사과를 흔쾌히 받아 주었지요.
처음으로 버블젬 조각도 얻었답니다.

학교에선 긴 시간 동안 친구들과 함께하며 다양한 활동을 해요.
그러다 보면 서로 마음이 상하기도 하고 싸우기도 하지요.
이럴 땐 어떻게 해야 하는지 레드와 함께 알아볼까요?

친구에게 잘못했을 때 어떻게 사과해야 할까?
반대로 친구에게 화가 나면 어떡하지?

친구에게 용서를 구할 땐
잘못한 점을 정확하게 반성하고 진심으로 사과해야 해.
반대로 친구가 잘못했을 땐 무작정 화를 내기보다
먼저 왜 화가 났는지 곰곰이 생각한 다음
진지하고 차분하게 그 친구에게 말하는 거야.
처음엔 어색해서 말을 걸기 어려울 수도 있어.
하지만 오해를 풀고 화해하면서
친구 사이가 더 단단해지기도 하지.
나랑 퍼플처럼 말이야!

친구를 사귀는 건
너무 어렵다고?
그건 나도 마찬가지인걸…?
하트콘에게
도움을 요청해 볼까?

친구 사귀기는 너무 어려워!

간단한 인사말로 말을 걸어 보는 거야!
쑥스럽다고? 맞아, 처음 친구를 사귈 땐 그럴 수 있지.
자연스럽게 물건을 빌려주거나,
먼저 도움을 요청하며 말을 건네도 좋아.
참! 대화할 땐 친구의 말을 귀담아들어야 하는 거, 잊지 마!

학교에서 자선 바자회*가 열렸어요.
요리를 좋아하는 오렌지도
머핀을 만들어 판매하기로 했지요.
엄마 도움 없이 무언가를 처음 하는
오렌지가 잘 해낼 수 있을까요?

엄마 없이 혼자 해낼 수 있을까요?
일단 엄마가 적어 준 대로
차근차근 순서대로 할게요!
나중에 다시 전화할게요.

*바자회: 더 이상 사용하지 않는 물건이나 직접 만든 물건을 팔아 단체에 기부하는 행사.

다행히 인어공주 친구들이 오렌지를 돕기로 했어요.
그런데 블랙다이아가 보낸 블롭이 오렌지의 머핀을 망쳐 버렸지 뭐예요.

이걸 어떻게 먹어?
머핀이 다 탔잖아!
어서 내 돈 돌려줘!

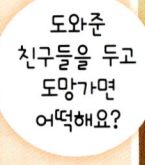

도와준
친구들을 두고
도망가면
어떡해요?

나도 알아. 그럼 어떡해?
엄마가 적어 준 쪽지가 없어져서
어떻게 해야 될지 모르겠단 말이야.
스마트폰은 또 어디 간 거야?
엄마랑 전화도 못 하고…

엄마와 연락을 할 수도 없고 친구들에게 망신을 당한 오렌지는 도망쳤지요.

블롭은 기회를 놓치지 않고 혼자인 오렌지를 공격했어요.
곧장 퍼플, 레드, 그린이 합세했지만 오히려 블롭에게 당하고 말았지요.
이때 오렌지가 일어나 블롭을 물리치고 친구들을 구해 냈어요.

자신감을 얻은 오렌지는 혼자서 머핀을 다시 만들었어요.
그리고 맛있게 구워진 머핀을 친구들에게 나누어 주었지요.
오렌지가 다른 사람의 도움 없이 스스로 해낸 거예요!

집이나 유치원과 달리 학교에선 스스로 해결해야 하는 일들이 많아요.
처음으로 학교에 가기 전에 어떤 것들을 준비하면 좋을까요?
그리고 혼자서 해결할 수 없는 일이 일어날 땐 어떻게 해야 할까요?
오렌지가 여러분을 도와줄 거예요!

초등학교 입학 준비하기!

초등학교에 가면 달라지는 것들이 너무나도 많아.
특히 많은 일을 혼자서 해결해야 한다는 게 가장 다르지.
하지만 너무 걱정하지 마.
스스로 해결할 수 없을 땐 선생님께 도움을 요청하면 되니까.
주변 친구들에게 부탁해도 좋아.
입학하기 전에 연습하면 도움이 되는 몇 가지를 알려 줄게!

① 40분 동안 앉아 있는 연습하기
보통 초등학교에서는 수업 시간이 40분, 쉬는 시간이 10분이야.

② 책상과 서랍 정리하기
이제 책상과 수납공간 정도는 혼자서 정리할 줄 알아야겠지?

③ 한글 공부하기
곧 매일매일 수많은 글자가 쓰인 교과서를 보게 될 거야. 미리 공부해 두면 좋겠지?

④ 외투 입기와 운동화 끈 묶기
스스로 외투 단추를 잠그거나 지퍼를 올리는 연습을 해 보자!
운동화 끈 묶기가 어렵다면 끈이 없는 신발을 신어도 좋아.

⑤ 화장실 혼자 가기
학교에선 쉬는 시간을 활용해 화장실을 다녀와.
수업 시간에 화장실에 가고 싶을 땐 손을 들어 선생님께 말하면 되지.

성격이 소심한 옐로우는 말 대신 그림으로 마음을 표현하곤 했어요.
그러던 어느 날 친구들이 옐로우의 인사를 듣지 못해 오해하고 말았어요.
옐로우도 친구들의 차가운 반응에 마음이 상했지요.

친구들과의 오해가
깊어지는 동안에
옐로우는 블랙다이아가 보낸
블롭의 공격으로
자기가 그린 그림 속에
갇혀 버렸어요.

인어공주 친구들이 곧장 그림 속으로 들어갔지만 블롭은 재빨리 탈출했어요. 이때 미술실에 있던 인디고가 블롭을 물리쳤지요.

그동안 친구들은 옐로우의 진심을 알고 오해를 풀었어요. 그리고 옐로우에게 사과를 건넸어요.

옐로우는 친구들의 사과와 응원에 용기를 얻어 친구들과 함께 그림 밖으로 나가기로 결심했어요. 앞으로 옐로우에겐 어떤 세상이 펼쳐질까요?

사람들의 성격은 정말 다양하답니다.
학교에 가면 나와 다른 성격을 지닌 친구들이 정말 많을 거예요.
소심하고 그림을 좋아하는 옐로우와 활발하고 춤추는 걸 좋아하는 퍼플처럼요.
옐로우의 MBTI는 INFP, 퍼플의 MBTI는 ENFP예요.
옐로우와 퍼플의 성격은 달라 보이지만 또 비슷하기도 하지요.
그런데 MBTI가 뭐냐고요? 옐로우가 알려 줄 거예요!

MBTI가 뭐야?

MBTI는 사람들의 성격을 16가지 유형으로 나타낸 거야.
너희들의 MBTI는 뭐야? 난 INFP야!
혼자서 상상하고 그림 그리는 걸 좋아해. 그렇다고 늘 혼자 있고 싶어 하는 건 아니야.
시간이 흐르거나 상황에 따라 성격은 변할 수 있으니 재미로 봐 줘.
사람의 성격은 정해진 답이 없어서 한마디로 말할 수 없어.
나와 다른 성격을 지닌 친구라고 해서 무시하거나 다투어선 안 되지.
서로 다름을 받아들이는 것부터 배려와 존중이 시작된단다.

① **I** 혼자 있을 때 에너지가 충전돼요. / **E** 사람들과 어울리며 에너지를 얻어요.
② **N** 상상을 좋아해요. / **S** 현실적이에요.
③ **F** 감정적이에요. / **T** 이성적이에요.
④ **P** 계획하기보다 자유로운 게 좋아요. / **J** 계획을 짜고 지키는 걸 좋아해요.

내 MBTI는 무엇일까?

① ☐   ② ☐   ③ ☐   ④ ☐

퍼플은 어떻게 해야 버블젬 조각을 모을 수 있는지 너무나 궁금했어요.
그때 무엇이든 대답해 주는 현자가 학교 도서관에 나타난다는 소문을 들었지요.

곧장 퍼플은 레오와 함께 도서관으로 달려갔어요.

퍼플이 우당탕 소란을 피우며 현자를 찾기 시작했어요.
소문을 따라 학교 도서관에 온 건 레드도 마찬가지였지요.
이때 가오리 왕국의 공주 그린이 나타나 인사했어요.

퍼플이 무척 궁금해하던 버블젬 조각을 모으는 방법은 바로 '성장'이었어요.

퍼플과 레드는 버블젬 조각을 모으기 위해 노력했어요.
퍼플은 수학 점수가 올랐고, 레드는 전보다 키가 조금 더 자랐지요.
과연 두 공주는 이런 방법으로 버블젬 조각을 모을 수 있을까요?

학교 도서관은 책이나 자료를 빌려 볼 수 있는 곳이에요.
선생님, 학생 등 학교에 소속된 사람이라면 누구나 이용할 수 있지요.
자세한 건 책을 좋아하는 그린에게 물어볼까요?

학교 도서관은 어떤 곳일까?

수업 시간에 필요하거나 읽고 싶은 책이 있을 땐
학교 도서관에서 빌릴 수 있지.
대신 다른 사람과 함께하는 공간이니 큰 소리를 내선 안 돼.
퍼플과 레드처럼 소란을 피우면 곤란하다고.
그리고 빌린 책은 정해진 기간 안에 꼭 반납해야 해.
만약 찾는 책이 보이지 않거나 궁금한 점이 있을 땐
도서관을 관리하는 사서 선생님께 도움을 요청하면 되지.

참, 버블젬 조각 때문에 성장하려 노력했던
퍼플과 레드는 과연 바람대로 버블젬 조각을 얻었을까요?

성장이란 무엇일까?

성장엔 크게 두 가지 종류가 있어.
하나는 키가 크거나 시험 점수가 오르는 것처럼 변화가 눈에 보이는 '외적 성장'이야.
또 다른 하나는 다른 사람을 배려하거나 존중하며
마음을 키우는 것처럼 변화가 눈에 보이지 않는 '내적 성장'이지.
버블젬 조각을 모으려면 OO 성장을 해야 한다고 했지?
키가 몇 센티 크거나 수학 점수가 오른 걸론 어림없지.
하지만 결국 퍼플과 레드는 버블젬 조각을 얻었어.
우리에게 어떤 일이 있었을까?
TV 애니메이션 <레인보우 버블젬> 6화를 참고해 줘.

빈칸을 채워 봐!

뭐든 지는 건 참을 수 없어!

해파리 왕국의 공주 블루가 전학을 오자마자
결투를 신청하며 다른 인어공주들을 강당으로 불러 모았어요.
화이트골드 여왕의 후계자를 가리기 위한 시합을 벌이기 위해서였지요.

수많은 대결을 펼쳤지만 승리는 모두 체력이 강한 블루가 차지했어요.
결국 마지막 대결의 종목은 퍼플이 정하기로 했어요.
그건 바로 퍼플이 가장 자신 있는 '춤 오래 추기'였지요.

이번 대결에서도 블루는 자신감이 넘쳤지만 퍼플에게 지고 말았어요.
블루는 큰 슬픔에 빠져 학교를 뛰쳐나가 엉엉 울었어요.

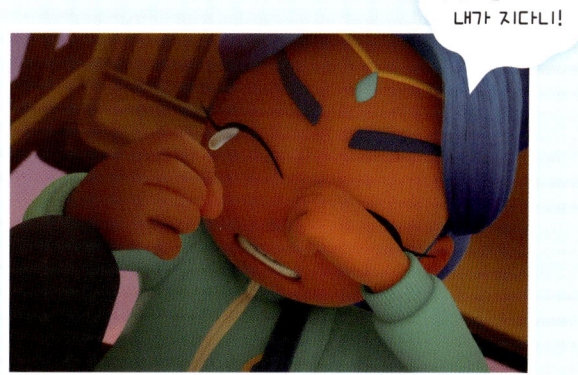

조금 뒤 강당에 무시무시한 블롭이 나타났어요!
강당 뒤에 숨어 인어공주들의 능력을 파악한 블롭은 쉬운 상대가 아니었어요.
그때 블루가 다시 나타나 단숨에 블롭을 해치웠지요.

공주들은 멋쩍어하는 블루에게 먼저 다가가 칭찬해 주었어요. 그리고 블루와 다른 공주들은 둘도 없는 친구가 되었답니다.

세상을 살아가다 보면 무수히 많은 사람들과 경쟁해요.
강당에서 인어공주들이 펼친 대결이나 학교 시험처럼 말이에요.
그 수많은 경쟁에서 사람들은 이기기도 하고 지기도 하지요.
그런데 꼭 이기는 것만이 가치 있는 걸까요?
경쟁 속엔 승리보다 더 가치 있는 것들이 많답니다.

이기는 것보다 중요한 게 있다고?

학교에 가게 되면 아주 많은 경쟁이 펼쳐질 거야.
체육 시간에 달리기 시합을 할 수도 있고
시험을 치고 나면 점수가 높은 순으로 등수를 매기지.
달리기 시합에서 지거나 등수가 낮다고 너무 실망하지 마.
더 빨리 달리기 위해 열심히 흘린 땀과
높은 점수를 받기 위해 노력했던 시간들을 생각해 봐.
이런 것들이 단순히 이기는 것보다 더 가치 있는 게 아닐까?
이기려는 마음 때문에 더 중요한 걸 놓쳐선 안 되겠지?

레인보우 공주님들이
블롭을 물리치고
버블젬 조각을 얻은 건
대결에서 이긴 것보다
소중한 우정을 깨달았기
때문은 아닐까요?

어느 날 학교를 가기 위해 횡단보도 신호를 기다리던 퍼플은
딴 생각에 빠져 그만 달리는 자동차에 부딪힐 뻔했어요.
그때 퍼플의 옆에 서 있던 인디고가 잽싸게 퍼플을 구해 주었지요.

자기를 구해 준 인디고에게 감동한 퍼플은
인디고와 친하게 지내고 싶었어요.

점심 급식 시간이 되자 퍼플은 친구들에게 인디고를 소개시켜 주었지요.

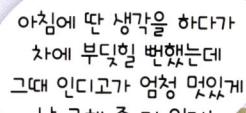

퍼플은 인디고와 함께 밥을 먹게 되어 진심으로 기뻤답니다.
좋아하는 반찬을 떨어뜨린 것도 모른 채 아침에 있었던 일을 이야기했지요.
낯을 많이 가리는 인디고도 그런 퍼플이 싫지 않은 모양입니다.

등굣길에 횡단보도에서 딴 생각을 하다가 퍼플이 큰일 날 뻔했지요?
길을 걸어갈 때에는 항상 주변을 살펴야 해요.
언제 어떤 일이 일어날지 모르니까요.
혼자서 등교할 때 무엇을 주의해야 하는지 인디고가 가르쳐 줄 거예요.

안전하게 등교하고 싶어!

초등학교에 다니면 혼자서 등교할 때가 있을 거야.
집에서 학교까지 가는 길이 익숙해질 때까진
어른들의 도움을 받으며 등교하는 게 좋아.
그다음엔 평소보다 일찍 집을 나서서
학교까지 혼자 가 보는 거야.
횡단보도에선 신호등이 빨간불이면 멈추고
초록불이면 건너는 거, 다들 알지?
하지만 초록불이라고 방심해선 안 돼!
횡단보도를 건너기 전엔 꼭 먼저 좌우를 살펴야 해.
어디서 뭐가 지나갈지 모르니 항상 조심하라고!

급식 시간엔 퍼플이 친구들에게 인디고를 소개시켜 주었어요.
여러분도 학교에 가면 급식소에서 친구들과 함께 밥을 먹게 될 거예요.

급식으로 싫어하는 반찬이 나오면 어떡해?

초등학교에선 보통 점심 시간이 되면 급식소에 가서 점심을 먹어.
집에서와 달리 급식을 받기 위해 줄을 서서 기다려야 하고
정해진 시간 안에 밥을 먹어야 하지.
참! 젓가락질 연습도 미리 해 두는 거 잊지 마.
뭐든 골고루 먹는 게 좋지만 만약 싫어하거나
알레르기가 있는 음식이 급식 반찬으로 나왔다면 남겨도 돼.
억지로 먹으면 탈이 날 수도 있거든.

퍼플이 인간 친구 레오에게 인사하자 레오가 화들짝 놀랐어요.

이번엔 반에 혼자 남겨진 퍼플이 깜짝 놀랐어요.
레오의 가방이 혼자서 폴짝폴짝 뛰어다니는 게 아니겠어요?

퍼플은 레오의 가방을 열어
안을 들여다보았지요.

그때 레오의 반려 돼지 까까가 날아오르며
퍼플의 마법 헤어밴드를 쓰곤 교실을 뛰쳐나갔어요.
헤어밴드를 빼앗긴 퍼플은 인어공주로 되돌아가 버렸지요.

복도에서 까까와 마주친 레오는 다급히 까까를 들어 안았어요.

그런데 레오가 실수로 까까가 쓰고 있던 퍼플의 헤어밴드를 착용했어요.
헤어밴드가 지닌 마법의 힘으로 레오의 얼굴은 물고기로 변해 버렸고요!
과연 퍼플과 레오는 무사히 이 사건을 해결할 수 있을까요?

오늘날 우리나라에선 수많은 사람들이 반려동물과 함께 살고 있어요.
퍼플의 첫 인간 친구 레오도 반려 돼지 까까와 지내고 있지요.
그런데 레오가 까까를 학교에 데려가 한바탕 소동을 일으켰지 뭐예요?
레오는 왜 학교에 까까를 데리고 간 걸까요?
그리고 왜 반려동물을 학교에 데리고 가면 안 되는 걸까요?

학교 때문에 반려동물과 헤어지기 싫어!

나도 마찬가지야…
그래서 까까를 학교에 데려갔는데 선생님께 들킬까 봐 너무 무서웠어.
무엇보다 내 욕심 때문에 까까가 낯선 환경에서
스트레스를 많이 받았을 거야.
그리고 생각해 보니까 학교는 다른 사람들과 함께하는 공간이잖아.
동물을 무서워하거나 동물 털 알레르기를 가진
선생님과 친구들이 있을 수도 있고,
반려동물이 소동을 피워 반 친구들에게 피해를 줄 수도 있지.
그래서 이젠 까까와 헤어지기 싫지만 혼자 등교하기로 했어.
대신 까까와 산책도 더 열심히 하고 매일매일 놀아 줄 거야!

나도 반려동물을 키우고 싶어!

반려동물을 키울 땐 아주아주 많은 것들을 생각해야 해.
우선 모든 가족들의 동의를 얻어야 하지.
그리고 끝까지 반려동물과 함께할 책임감을 지녀야 해.
키우려는 반려동물의 특성을 공부하고
반려동물이 잘 살기 위한 환경을 만들어 주어야 하지.
단지 동물의 귀여운 겉모습과 호기심 때문이라면 그만두는 게 좋아.
모든 생명은 너희와 같이 소중하다는 걸 명심해!

초등학교 입학을 축하해!

바닷속 일곱 왕국의 인어공주들과 함께한 학교생활이 즐거웠나요?
여러분도 곧 초등학교에 입학하게 될 거예요.
초등학생이 되면 예전과 달리 스스로 해결해야 할 것들이 많아지겠지요.
하지만 너무 걱정하거나 긴장하지 말아요. 누구든 처음은 있는 법이니까요.

1학년 친구들과 함께 초등학교를 다니다 보면
나도 모르는 사이에 어엿한 초등학생이 되어 있을 거예요.
학교생활에 적응하고 나면 매일매일 내일이 기다려질걸요?
레인보우 버블젬의 인어공주들도 여러분을 응원할 거예요!

2024년 02월 01일 초판 1쇄 인쇄
2024년 02월 07일 초판 1쇄 발행

발행인 황민호
콘텐츠3사업본부장 석인수
편집장 손재희 **편집 진행** 이유리
디자인 DESIGN PLUS

발행처 대원씨아이㈜ www.dwci.co.kr
주소 서울시 용산구 한강대로15길 9-12
전화 02-2071-2156(편집) 02-2071-2066(영업)
FAX 02-794-7771
등록번호 1992년 5월 11일 등록 제3-563호

ISBN 979-11-7203-155-8 77370

ⓒ Campfire Aniworks/EBS/Tencent Video/Live Fun, All rights reserved.
※본 제품은 ㈜캠프파이어애니웍스와의 라이선스 계약에 의거, '대원씨아이'에서 제작, 판매하는 것으로 무단 복제를 금합니다.
※잘못된 제품은 구입하신 곳에서 교환해 드립니다.

함께하면 더욱 즐거운
레인보우 버블젬 놀이북을 만나 보세요!

값 12,000원

레인보우 버블젬 알록달록 스크래치북

스크래치북으로 만나는 레인보우 버블젬!
까만 종이를 긁으면 알록달록한 색깔이 나타나요!

스크래치 펜으로 그림을 따라 천천히 긁으면
긁은 부분에 알록달록 여러 가지 색깔이 나타나요.
회색 선이 없는 빈 공간에 그림을 추가해도 좋아요.
그림이 없는 판은 자유롭게 긁어 사용할 수 있답니다.

값 8,000원

레인보우 버블젬 포스터 색칠북

커다란 크기만큼 더욱 커진 재미!
책보다 큰 포스터를 펼쳐 마음껏 칠하세요!

레인보우 버블젬 인어공주와 수호 요정을 자유롭게 색칠해요.
책 크기의 4배나 되는 커다란 포스터 5장을 활짝 펼쳐
마음껏 색칠하면 창의력과 표현력이 쑥쑥 자라나요.
책에 수록된 스티커를 붙여 특별한 그림을 완성해 보세요.
색칠 놀이뿐만 아니라 다양한 게임 놀이도 즐길 수 있어요.

값 9,000원

레인보우 버블젬 렌티큘러 색칠북

보는 방향에 따라 그림이 바뀌는 신기한 렌티큘러!
내 손으로 색칠하고 접어서 직접 만들어 보세요!

색칠하고 접어서 만드는 렌티큘러 그림이 24개 들어 있습니다.
접는 선이 있어 누구나 손쉽게 만들 수 있어요.
함께 들어 있는 액자 도안을 조립하여 세상에 하나뿐인
나만의 멋진 렌티큘러 액자를 만들어 보세요.